AF894579

Das Krippen-
Jahreszeitenbuch

Lieder zum Mitmachen

Bildnachweis

Freepik.de
S. 12: brgfx | S. 16: photographeeasia | S. 34: terdpongvector | S. 74, 78: jcomp

Gettyimages.de
S. 1: dvoriankin | S. 5: Carlo A | S. 9: Mariusz Brainard, AnnaFrajtova | S. 32: Alex | S. 35: Pinkybird | S. 39: DebraLee Wiseberg | S. 46: Ashley Cooper | S. 48: undefined undefined | S. 51: MEDITERRANEAN | S. 54: amphotora | S. 62: Baxternator | S. 66: tacojim | S. 70: FocusEye | S. 71: alvarez | S. 73: fcafotodigital | S. 75: Kostiantyn Liamzenko | S. 79: Mara Ohlsson

Impressum

ISBN: 978-3-96046-206-4

Das Krippen-Jahreszeitenbuch
Lieder zum Mitmachen

Redaktion	Myriam Bork
Autorinnen	Marion Bischoff, Kathrin Eimler, Nadine Marchi, Sabrina Djogo, Johanna Graziotto
Umschlagillustration	Anke Dammann
Gestaltung und Satz	DOPPELPUNKT, Stuttgart
Druck	Grafik Media Produktionsmanagement, Köln

Klett Kita GmbH
Rotebühlstr. 77
70178 Stuttgart
www.klett-kita.de

Für jedes Material wurden Rechte nachgefragt. Sollten dennoch an einzelnen Materialien weitere Rechte bestehen, bitten wir um Benachrichtigung.

© 2022 Klett Kita GmbH, Stuttgart. Alle Rechte vorbehalten.

Inhalt

Frühling

Sommer

Herbst

Winter

Liebe Leserinnen und Leser,

schon unsere Kleinsten lieben Musik. Auch, wenn man noch nicht sprechen kann und egal, woher man kommt: Musik verbindet. Daher macht das gemeinsame Singen in der Krippe den Kindern so viel Spaß. Ganz nebenbei fördert es zudem die Entwicklung zahlreicher Bereiche.

Lieder unterstützen den Spracherwerb, sie fördern Kreativität und vermitteln positive Emotionen. Bewegungs- und Mitmachlieder stärken zudem die motorischen Fähigkeiten. Wer noch nicht sicher stehen kann, macht dabei einfach im Sitzen mit. Unser Buch verbindet bekannte Melodien mit neuen Texten. Somit haben die Lieder für Ihre Kinder einen Wiedererkennungswert und wecken gleichzeitig ihre natürliche Neugier auf Neues.

Treten Sie mit unserem Liederbuch eine Reise durch alle Jahreszeiten an. Im Frühling begeben Sie sich mit einer kleinen Schnecke auf Wanderschaft und im Sommer lernen Sie den Eisverkäufer Schleckermund kennen. Gestalten Sie während des Singens einen bunten Herbstteller und begrüßen Sie im Winter den Nikolaus mit einem Bewegungslied!

Wir wünschen Ihnen und Ihren Kindern viel Freude!

Ihr Jahreszeitenbuch-Team

Frühling

Der Frühling kommt

Mitmachlied

Alter: ab 2 Jahren
Dauer: 10 Minuten

Der Frühling kommt, geht alle raus,
Arme ausbreiten und dann mit nach vorn gestrecktem Arm nach vorn deuten.

der Baum treibt seine Blätter aus,
Die Arme nach oben strecken und die Finger spreizen.

im Früh-üh-ling.

Refrain:
Im Früh-üh-üh-üh-üh-üh-ling,
im Früh-üh-üh-üh-üh-üh-ling,
im Früh-üh-üh-üh-üh-ling, im Früh-üh-ling.

Der Frühling kommt, geht alle raus,
Arme ausbreiten und dann mit nach vorn gestrecktem Arm nach vorn deuten.

freut euch an Blumen vor dem Haus,
In die Hände klatschen.

im Früh-üh-ling.

Der Frühling kommt, geht alle raus,
Arme ausbreiten und dann mit nach vorn gestrecktem Arm nach vorn deuten.

legt Samen in der Erde aus,
Streubewegungen nachahmen.

im Früh-üh-ling.

Der Frühling kommt, geht alle raus,
Arme ausbreiten und dann mit nach vorn gestrecktem Arm nach vorn deuten.

die liebe Sonne wärmt euch auf,
Sich selbst umarmen.

im Früh-üh-ling.

Melodie: Das Wandern ist des Müllers Lust

TIPP
Jeweils beim Refrain können Sie ein anderes Kind an den Händen fassen und im Kreis drehen. Der Refrain wird nach jeder Strophe wiederholt.

Idee: Marion Bischoff

Wenn es draußen wärmer wird

Bewegungslied

Alter: ab 1,5 Jahren
Dauer: 5 Minuten

Wenn es draußen wärmer wird, gehn wir in den Garten.
Springen, hüpfen, spielen Ball.
Laufen, tanzen, überall.
Freun uns an jedem Sonnenstrahl, freuen uns am Leben.

Melodie: Alle Vögel sind schon da

Und so geht's:
Alle Kinder stehen im Bewegungsraum verteilt. Sie bewegen sich zu dem Liedtext nach ihren Wünschen. Dieses kurze Lied eignet sich als Einstieg, zum Ende einer Bewegungsstunde oder auch, wenn Sie mit den Kindern in den Hof oder zu einem Spaziergang aufbrechen.

Idee: Marion Bischoff

In einer kleinen Zwiebel

Spiellied

Alter: ab 2 Jahren
Dauer: 5 Minuten

In einer kleinen Zwiebel, da steck' ich in der Erd'
und wärmt die liebe Sonne und fällt ein warmer Regen,
ich ein Schneeglöckchen werd', ich ein Schneeglöckchen werd'.

In einer kleinen Zwiebel, da steck' ich in der Erd'
und wärmt die liebe Sonne und fällt ein warmer Regen,
ich eine Tulpe werd', ich eine Tulpe werd'.

In einer kleinen Zwiebel, da steck' ich in der Erd'
und wärmt die liebe Sonne und fällt ein warmer Regen,
ich 'ne Narzisse werd', ich 'ne Narzisse werd'.

Melodie: Der Kuckuck und der Esel

Und so geht's:

Die Kinder sitzen im Kreis. Fragen Sie die Kinder, ob sie ein Pflänzchen sein wollen und verteilen Sie dann die Rollen. Jedes Kind darf sich aussuchen, welche Blume es sein möchte.
Nun knien oder sitzen alle „Pflänzchen" auf dem Boden, den Kopf eingezogen, die Arme über dem Kopf verschränkt. In der ersten Strophe strecken die Schneeglöckchen die Arme nach oben, richten sich langsam auf und breiten dann die Arme zur Seite. In der zweiten Strophe folgen die Tulpen und in der dritten die Narzissen. Kinder, die noch nicht stehen können, führen die Bewegungen sitzend aus.
Passend zum Lied können Sie mit den Kindern Stirnbänder mit Blütenblättern gestalten, die die Kinder während des Spiellieds aufsetzen. So können sie sich noch leichter in die Rolle der Blume einfühlen.

Idee: Marion Bischoff

Die Kröte will die Fliege holen

Bewegungslied

Alter: ab 2 Jahren
Dauer: 5 Minuten

Die Kröte will die Fliege holen,
Kinder hüpfen aus der Hocke hoch.

doch sie fliegt davon, doch sie fliegt davon.
Mit den Armen Flügelschläge imitieren.

Sei nicht traurig, kleine Kröte,
Sich selbst streicheln.

ein andermal klappt's schon, ein andermal klappt's schon.
Daumen nach oben recken.

Der Storch will sich die Kröte holen,
Mit ausgestreckten Armen den Storchenschnabel darstellen, „Schnabel" öffnen und schließen.

doch sie hüpft davon, doch sie hüpft davon.
Aus der Hocke hochhüpfen.

Sei nicht traurig, lieber Storch,
Sich selbst streicheln.

ein andermal klappt's schon, ein andermal klappt's schon.
Daumen nach oben recken.

Melodie: Fuchs, du hast die Gans gestohlen

Idee: Marion Bischoff

Kim sitzt auf dem Boden ...

Alter: ab 2 Jahren
Dauer: 5 Minuten

Bewegungslied

Kim sitzt auf dem Boden mit Sonja, Kim sitzt auf dem Boden mit Sonja,
Kim sitzt auf dem Boden mit Sonja und die Sonne scheint und das macht sie froh.
Sie klatschen Jupphei-dei-di-do, Jupphei-dei-di-do, Jupphei-dei-di-do
und die Sonne scheint, das macht sie froh.

Jan sitzt auf dem Boden mit Toni, Jan sitzt auf dem Boden mit Toni,
Jan sitzt auf dem Boden mit Toni und die Blumen blühen, das macht sie froh.
Sie tanzen Jupphei-dei-di-do, Jupphei-dei-di-do, Jupphei-dei-di-do
und die Blumen blühen, das macht sie froh.

Carl sitzt auf dem Boden mit Jessi, Carl sitzt auf dem Boden mit Jessi,
Carl sitzt auf dem Boden mit Jessi und die Vögel zwitschern, das macht sie froh.
Sie singen Jupphei-dei-di-do, Jupphei-dei-di-do, Jupphei-dei-di-do
und die Vögel zwitschern, das macht sie froh.

Melodie: Jack saß in der Küche

Mögliche Alternativen:
Jan steht im Garten …
Kim kniet am Boden …
Leon kniet im Sand neben Lara …

Und so geht's:
Die Kinder sitzen in Zweiergruppen zusammen. Sie können beim Singen auch die Namen der von Ihnen betreuten Kinder einsetzen. Jetzt singen Sie das Lied. Jeweils bei „das macht sie froh", springen die Kinder auf und klatschen, tanzen, hüpfen, usw. So können Sie dem Bewegungsdrang der Kinder wunderbar nachgeben. Vielleicht haben die Kinder ja auch eigene Vorschläge für weitere Bewegungsideen, die in einer Strophe umgesetzt werden könnten.

Idee: Marion Bischoff

Regenwürmchen, du musst graben

Mitmachlied

Alter: ab 1 Jahr
Dauer: 10 Minuten

Regenwürmchen, du musst graben,
Zeigefinger „wurmartig" hin- und herbewegen.

willst 'nen feuchten Platz du haben.
Zweite Hand zur Faust ballen.

In die Erde musst du rein,
Den Zeigefinger in die Faust legen.

dort ist es für dich ganz fein.

Kleiner Vogel, du musst fliegen,
Mit beiden Armen Flugbewegungen imitieren.

die Flügel in der Luft bewegen.
In die Luft pusten.

Raus aus deinem warmen Nest,
Mit beiden Händen in die Luft „schubsen".

auf den Baum hoch in die Äst'.
Die Arme nach oben recken.

Kleine Raupe, du musst kriechen,
Den Zeigefinger wie eine Raupe hoch und runter bewegen.

feine Blätter wirst du kriegen.
Über den Bauch reiben.

Schmeckt dieses Blatt hier dir so sehr,
Eine Hand spreizen, den Zeigefinger der anderen Hand anlegen.

kommst du morgen wieder her.
Winken

Melodie: Taler, Taler, du musst wandern

TIPP
Dieses Spiellied eignet sich auch schon für die Jüngsten. Sie nehmen die Melodie wahr und können ihre Händchen, wenn auch noch unkoordiniert, mitbewegen.

Idee: Marion Bischoff

Viele kleine Vögel

Bewegungslied

Alter: ab 0 Jahren
Dauer: 10 Minuten

Viele kleine Vögel
flattern durch die Luft,
flattern durch die Luft,
Mit den Armen Flügelschläge imitieren und umherlaufen.

wollen was erleben, bis die Mama ruft.

Viele kleine Igel
krabbeln querfeldein,
krabbeln querfeldein,
Auf dem Boden krabbeln.

hören sie die Eule, rollen sie sich ein.
Sich einrollen.

Viele kleine Hühner
gackern vor dem Stall,
gackern vor dem Stall,
Auf dem Boden scharren.

sitzen auf der Stange, legen Eier bald.
Klatschen

Melodie: Alle meine Entchen

Und so geht's:
Singen Sie das Lied beim Wickeln oder in einer anderen Einzelkontaktsituation und machen Sie die entsprechenden Bewegungen. Die Kinder werden bald versuchen, diese Bewegungen nachzuahmen und prägen sich auch die Melodie ein. Mit älteren Kindern können Sie dieses Lied auch wunderbar als Spiellied umsetzen. Die Kinder schlüpfen dabei in die verschiedenen Rollen und machen die passenden Bewegungen mit. Vielleicht trauen sich ein paar mutige Kinder ja auch, in Strophe drei einen Eulenruf zu imitieren?

Idee: Marion Bischoff

Eine Schnecke zieht heut los

Alter: ab 2 Jahren
Dauer: 10 Minuten

Spiellied

Eine Schnecke zieht heut los,
ohne lang zu fragen.

Ein Kind geht als Schnecke durch die Kreismitte und winkt.

Nimmt ihr Häuschen huckepack,
das ist gar kein Schabernack.
Weiter geht's landauf, landab,
auf 'ne neue Wiese.

Auf den Boden setzen.

Eine Schnecke zieht heut los,
will die Welt entdecken.

Schnecke geht durch die Kreismitte und legt die Hand zur Ausschau an die Stirn.

Über Stock und über Stein,
durch den Wald zur Stadt hinein.

Zwei Kinder sind der „Eingang" zur Stadt.

Findet einen Garten fein,
hier will sie mal bleiben.

Eine Schnecke zieht heut los,
schläft in ihrem Häuschen,
Schnecke legt sich in der Kreismitte auf den Boden.

schnarcht gemütlich vor sich hin,
da hört sie 'ne Igelstimm',
Ein Kind kriecht als Igel heran.

wie lecker er die Schnecken findt.
Hier kann sie nicht bleiben.
Schnecke steht auf und schüttelt den Kopf.

Eine Schnecke zieht heut los,
sucht sich 'ne neue Bleibe.
Unter einem dicken Baum,
Ein Kind stellt den Baum dar.

wunderschön ist's anzuschaun,
ein Moosbettchen, das ist ein Traum,
hier mag sie jetzt wohnen.
Schnecke setzt sich unter den Baum.

Eine Schnecke zieht heut los,
hat ihren Platz gefunden,
Schnecke umarmt den Baum.

zieht sich in ihr Haus zurück,
fühlt sich einfach ganz beglückt,
die Moosblümchen sind auch verzückt,
von der neuen Freundin.

Melodie: Alle Vögel sind schon da

Und so geht's:
Die Kinder suchen sich die Rollen aus, die sie spielen wollen. Dabei brauchen Sie mindestens eine Schnecke, einen Igel, zwei Kinder für den Stadteingang und einen Baum. Je nachdem, wie viele Kinder mitspielen, können Sie die Rollen natürlich beliebig oft verteilen.

Idee: Marion Bischoff

So ein schöner Frühlingstag

Mitmachlied

Alter: ab 2 Jahren
Dauer: 10 Minuten

Refrain:

So ein schöner Frühlingstag,
Frühlingstag, Frühlingstag,
so ein schöner Frühlingstag
mit Sonnenschein.
An den Händen fassen und im Kreis gehen.

Schneeglöckchen, Tulpen blühn,
freun sich an jeder Bien.
Mit beiden Händen einen Blütenkelch formen.
So ein schöner Frühlingstag
mit Sonnenschein.
Die Arme nach oben strecken.

Käfer durchs Grase gehn,
wollen die Sonne sehn.
Mit den Fingern Krabbelbewegungen ausführen.
So ein schöner Frühlingstag
mit Sonnenschein.
Die Arme nach oben strecken.

Vögel auf einem Zweig
baun sich ein Nestchen heut.
So ein schöner Frühlingstag
mit Sonnenschein.
Die Arme nach oben strecken.

Melodie: Oh, du lieber Augustin

Und so geht's:
Der Refrain wird vor jeder Strophe wiederholt.

Idee: Marion Bischoff

Entchen auf dem Nestchen

Spiellied

Alter: ab 2 Jahren
Dauer: 10 Minuten

Entchen auf dem Nestchen
sitzt und schläft, sitzt und schläft.

Kleines Entchen, wach doch auf,
kletter aus dem Nest heraus.

Entchen schwimm, Entchen schwimm,
Entchen schwimm.

Melodie: Häschen in der Grube

Und so geht's:
Ein Kind sitzt in der Mitte des Sitzkreises auf dem Boden und hat die Augen geschlossen. Als „Nest" können Sie eine Decke oder ein Sitzkissen benutzen. Passend zum Text wacht das Entchen dann auf und „schwimmt" durch den Kreis. Wenn sich ein Kind nicht allein in die Kreismitte traut, kann es natürlich auch mehrere Entchen gleichzeitig geben.

Idee: Marion Bischoff

Ein kleines Amselkind ...

Spiellied

Alter: ab 3 Jahren
Dauer: 10 Minuten

Ein kleines Amselkind, das sitzt auf einem Baum,
piep, piep Vögelchen, es sucht nach einem Freund,
piep, piep Vögelchen, es sucht nach einem Freund.

Das kleine Amselkind, das fliegt von seinem Baum,
piep, piep Vögelchen, es sucht nach einem Freund,
piep, piep Vögelchen, es sucht nach einem Freund.

Ein kleines Drosselkind, das sitzt auf einem Stamm,
piep, piep Vögelchen, es sucht nach einem Freund,
piep, piep Vögelchen, es sucht nach einem Freund.

Das kleine Drosselkind, das fliegt von seinem Stamm,
piep, piep Vögelchen, es sucht nach einem Freund,
piep, piep Vögelchen, es sucht nach einem Freund.

Das kleine Drosselkind entdeckt das Amselkind,
piep, piep Vögelchen, sie gehörn zusamm'
piep, piep Vögelchen, sie gehörn zusamm'.

Die zwei Vögelchen, die fliegen hin und her,
piep, piep Vögelchen, sie freuen sich so sehr,
piep, piep Vögelchen, sie freuen sich so sehr.

Alle Vögelchen, die tanzen und sind froh.
Ein neues Vogelpaar, wir freuen uns ja so.
Ein neues Vogelpaar, wir freuen uns ja so.

Melodie: Pitsch, patsch Pinguin

Und so geht's:
Zwei Kinder spielen die Vögelchen. Erst sitzen sie auf einem Stuhl, „flattern" dann durch den Raum und finden endlich zueinander. Sie tanzen gemeinsam. In der letzten Strophe tanzt die ganze Gruppe.

Idee: Marion Bischoff

Frühlingszauberei

Zauberlied

Alter: ab 2 Jahren
Dauer: 5 Minuten

Ene, mene, Zauberei,
lass die liebe Sonne schein',
lass uns draußen spielen, die Wärme fühlen,
endlich wieder matschen, in die Hände klatschen.

Melodie: Lirum, Larum, Löffelstiel

Und so geht's:
Wenn es im Frühling eine längere Schlechtwetterphase gibt, können die Kinder mit diesem „Zauber" versuchen, das gute Wetter zurückzuholen. Ist das Wetter gut? Umso besser! Singen Sie draußen mit den Kindern. Wenn sie ihre Hände wirklich in Matsch tauchen können, macht es besonders viel Spaß.

Idee: Marion Bischoff

Jupheida, der Frühling ist jetzt da

Bewegungslied

Alter: ab 2 Jahren
Dauer: 10 Minuten

Jupheida, der Frühling ist jetzt da.
Hüpfen
An den Bäumen wachsen Blätter,
Die Arme strecken, Hände spreizen.
manchmal gibt es Regenwetter.
Mit den Füßen auf den Boden trommeln.
Jupheida, der Frühling ist jetzt da.
Hüpfen

Jupheida, der Frühling ist jetzt da.
Hüpfen
Lass uns gleich nach draußen laufen,
Auf der Stelle laufen.
Maulwurf gräbt 'nen großen Haufen.
Vorbeugen und Buddelbewegungen nachahmen.
Jupheida, der Frühling ist jetzt da.
Hüpfen

Jupheida, der Frühling ist jetzt da.
Hüpfen
Vögel zwitschern früh am Morgen,
Die Arme ausbreiten.
fliegen ohne Angst und Sorgen.
Flügelschläge nachahmen.
Jupheida, der Frühling ist jetzt da.
Hüpfen

Melodie: Summ, summ, summ

TIPP
Können noch nicht alle Kinder laufen? Dann klatschen sie, statt zu hüpfen und klopfen mit den Fäusten auf den Boden, statt auf der Stelle zu laufen!

Idee: Marion Bischoff

Wer malt die schönsten Eier?

Fingerspiel-Lied

Alter: ab 2 Jahren
Dauer: 10 Minuten

Material
Osterhasen-Fingerpuppe

Wer malt die schönsten Eier? Das ist der Osterhas,
der malt mit seinem Pinsel aus Hölzchen und aus Gras.

Wie malt er denn die Eier? Er malt sie rot, gelb, blau
und legt sie in das Körbchen, ganz sachte und genau.

Was macht er mit den Eiern? Er trägt sie bald hinaus.
Am Ostertag im Garten legt er sie für dich aus.

Melodie: Wer hat die schönsten Schäfchen?

TIPP
Hier können die Kinder entweder mit der Osterhasen-Fingerpuppe ihre Finger passend zum Text bewegen oder sich als Osterhasen entsprechend im Kreis bewegen.

Idee: Marion Bischoff

Sommer

Wir tanzen heut den Sommertanz

Bewegungslied

Alter: ab 2 Jahren
Dauer: 10 Minuten

Wir tanzen heut den Sommertanz, nehmen uns alle an die Hand.
Alle sind glücklich und singen:

Refrain:
Das ist der Sommertanz, das ist der Sommertanz, das ist der Sommer-Sonnen-Tanz.
Das ist der Sommertanz, das ist der Sommertanz, das ist der Sommer-Sonnen-Tanz.

Wir tanzen heut den Sommertanz, drehn uns im Kreis so dann und wann.
Alle sind glücklich und singen:

Wir tanzen heut den Sommertanz, wir klatschen dankbar in die Hand.
Alle sind glücklich und singen:

Melodie: Die Affen rasen durch den Wald

Und so geht's:
Passend zum Liedtext führen Sie mit den Kindern die entsprechenden Bewegungen aus. Der Refrain wird nach jeder Strophe wiederholt.

Idee: Marion Bischoff

Kleiner Stein

Mitmachlied

Material
- ein Stein für jedes Kind
- ein altes Planschbecken
- mehrere Eimer oder Kübel mit Wasser

Alter: ab 1,5 Jahren
Dauer: 5 Minuten

Kleiner Stein fällt ins Wasser rein.
Bildet kleine Wasserkreise auf eine besondre Weise.
Kleiner Stein fällt ins Wasser rein.

Melodie: Summ, summ, summ

Und so geht's:

Sie wollen einen warmen Sommertag mit den Kindern ein bisschen aufpeppen? Dafür eignet sich dieses Mitmachlied wunderbar!

Passend zu dem kurzen Lied werfen die Kinder ihre Steine ins Wasser. Wenn Sie für jedes Kind einen Eimer haben, können alle gleichzeitig ihre Steine fallen lassen. Haben Sie für alle gemeinsam ein Planschbecken, ist es gut, wenn die Kinder ihre Steine nacheinander hineinwerfen. Nun können Sie mit den Kindern die Wasserkreise beobachten und das Lied beliebig oft wiederholen.

Idee: Marion Bischoff

Kommt ein Boot angefahren

Spiellied

Alter: ab 2 Jahren
Dauer: 10 Minuten

Kommt ein Boot angefahren, hat die Segel gehisst,
auf dem Boot sitzt ein Mädchen, das dir winkt und dich grüßt.

Du winkst diesem Mädchen, sie hält an, du bist bereit.
Ihr könnt lachen und reden, eine fröhliche Zeit.

Und das Boot fährt noch weiter, hat die Segel gesetzt,
auf dem Boot sitzen Kinder, jedes winkt dir und grüßt.

Du winkst diesen Kindern, dann fährst du mit ihnen mit.
Ihr könnt lachen und reden, nun seid ihr schon zu dritt.

Melodie: Kommt ein Vogel geflogen

TIPP

Legen Sie in die Mitte des Sitzkreises eine Decke oder einen Stuhl, die das Boot symbolisieren. Nach und nach steigen die Kinder ins Boot ein. Hierfür darf jeweils das zuletzt zugestiegene Kind ein anderes Kind aus dem Kreis auswählen. Sie können das Lied beliebig erweitern, bis alle Kinder im Boot sitzen.

Idee: Marion Bischoff

Eiswürfelparty

Bewegungslied

Material
Eiswürfel in verschiedenen Größen und Formen

Alter: ab 2 Jahren
Dauer: 5 Minuten

Eiswürfelparty im Garten,
Eiswürfelparty im Garten,
Eiswürfelparty im Garten,
das ist lustig hier und das geht so.
Wir singen: Heute sind alle froh,
heute sind alle froh, heute sind alle froh.
Das ist lustig hier und das geht so.

Eiswürfelparty im Garten,
Eiswürfelparty im Garten,
Eiswürfelparty im Garten,
wirf den Eiswürfel da hinten ins Loch.
Wir singen: Heute sind alle froh,
heute sind alle froh,
heute sind alle froh.
Wirf den Eiswürfel da hinten ins Loch.

Eiswürfelparty im Garten,
Eiswürfelparty im Garten,
Eiswürfelparty im Garten,
schieß den Eiswürfel da vorne ins Tor.
Wir singen: Heute sind alle froh, heute
sind alle froh, heute sind alle froh.
Schieß den Eiswürfel da vorne ins Tor.

Eiswürfelparty im Garten,
Eiswürfelparty im Garten,
Eiswürfelparty im Garten,
roll den Eiswürfel nach hinten und vorn.
Wir singen: Heute sind alle froh,
heute sind alle froh,
heute sind alle froh.
Roll den Eiswürfel nach hinten und vorn.

Melodie: Jack saß in der Küche

TIPP
Dieses Lied ist bestens geeignet für eine Eiswürfelparty im Garten.

Idee: Marion Bischoff

Der Gewittersong

Spiellied

Alter: ab 2 Jahren
Dauer: 10 Minuten

Dicke, dicke graue Wolke,
was willst du denn hier?
Was willst du denn hier?
Bringst du Blitz und Sommerregen heute auch zu mir?
Bringst du Blitz und Sommerregen heute auch zu mir?

Ich bin die Gewitterwolke,
bring den Regen mit,
bring den Regen mit.
Abkühlung an heißen Tagen
macht euch wieder fit.
Abkühlung an heißen Tagen
macht euch wieder fit.

Wir sind die Gewitterblitze,
sind auch mit dabei,
sind auch mit dabei.
Reinigen die Sommerluft
mit unsrer Blitzerei.
Reinigen die Sommerluft
mit unsrer Blitzerei.

He, hier kommt das Donnergrollen,
ohne mich geht nix,
ohne mich geht nix.
Gewitter ohne Donnergrollen,
das ist ja ein Witz.
Gewitter ohne Donnergrollen,
das ist ja ein Witz.

Melodie: Fuchs, du hast die Gans gestohlen

Und so geht's:
Verteilen Sie die Rollen für die Wolke, die Blitze und das Donnergrollen. Je nachdem, wie viele Kinder mitspielen wollen, können Sie die Rollen an alle Kinder verteilen. Wenn die Strophe des jeweiligen Kindes gesungen wird, geht es in die Kreismitte und verbeugt sich.

Idee: Marion Bischoff

Apfelbäumchen

Spiellied

Alter: ab 2 Jahren
Dauer: 10 Minuten

Apfelbäumchen hier in unsrem Garten,
Apfelbäumchen, du gefällst mir sehr.
Wie du dastehst voller grüner Blätter,
du bist wirklich herrlich anzusehen.

Apfelbäumchen hier in unsrem Garten,
Apfelbäumchen, du bist wirklich gut.
Deine wunderschönen roten Äpfel schmecken fein,
verschwinden gleich im Mund.

Apfelbäumchen, ich bringe dir Wasser,
gieße deine Wurzeln in der Erd'.
Dass du wachsen kannst und deine Äpfel
immer noch ein bisschen größer wer'n.

Melodie: Grün, grün, grün sind alle meine Kleider

Und so geht's:
Teilen Sie die Kinder in Zweiergruppen ein. Jeweils ein Kind ist der Apfelbaum, das andere bringt in der dritten Strophe das Wasser.
An warmen Sommertagen können Sie dieses Lied im Freien und barfuß singen. Dann kann tatsächlich ein wenig Wasser über die Füße des Apfelbaums gegossen werden. Wenn die Kinder mögen, tauschen sie im zweiten Durchgang die Rollen.

Idee: Marion Bischoff

Die Sonne scheint

Bewegungslied

Alter: ab 1 Jahr
Dauer: 5 Minuten

Sonne scheint vom Himmel runter,
das macht fröhlich, das macht munter.

Heute wolln wir alle singen,
hüpfen, lachen, tanzen, springen.

Sonne scheint in unsern Garten,
lasst uns rausgehn, nicht mehr warten.

Melodie: Froh zu sein, bedarf es wenig

Und so geht's:
Zur morgendlichen Begrüßung im Sommer oder direkt vor dem Nach-draußen-gehen: Bei diesem Bewegungslied können alle Kinder entsprechend ihres Entwicklungsstandes mitmachen. Die Kleinsten können Bewegungen mit den Händen ausführen, die Älteren bzw. diejenigen, die in ihrer Körperkoordination schon sicherer sind, hüpfen oder springen, wie es der Liedtext vorgibt.

Idee: Marion Bischoff

Die Feldmaus geht baden

Spiellied

Alter: ab 2 Jahren
Dauer: 10 Minuten

Die Feldmaus, die hat 'ne Idee,
will baden geh'n am Baggersee, am Baggersee.
Zieht ihre Badehose an,
und macht sich auf den Weg sodann.
Am Baggersee kommt sie bald an, zum Baden.

Sie sucht sich einen Platz am Strand,
cremt sich ein gegen Sonnenbrand, die Feldmaus.
Sie legt sich auf ihr Handtuch hin,
so macht das Leben Spaß und Sinn,
beobachtet Mann, Frau und Kind, die Feldmaus.

Ganz mutig sie zum Wasser geht
und streckt hinein den linken Zeh, ins Wasser.
Dann jammert sie oh je, oh je,
es ist so kalt am Baggersee.
Besser ists, wenn ich wieder geh, vom Wasser.

Sogleich packt sie ihr Bündel ein
und wandert wieder zu sich heim, zu ihrem Loch.
Es ist so schön auf meinem Feld,
die Weizenhalme sind die Welt.
Ich fühl mich wohl auf meinem Feld, in meinem Loch.

Zwischen den Rüben auf dem Feld,
genießt die Feldmaus ihre Welt, die Feldmaus.
Sie knabbert eine Rübe an,
schön satt geht sie zum Schlafen dann.
Träumt von dem Ausflug dann und wann, die Feldmaus.

Melodie: Das Wandern ist des Müllers Lust

Und so geht's:
Für dieses Spiellied eignen sich Maus-Fingerpüppchen, die Sie mit den Kindern gestalten können. Ein Zeigefinger ist die Feldmaus. Die andere Hand dient zum Darstellen des Sees (Hand flach hinlegen), zum Eincremen der Feldmaus, als Weizenhalme (die Hand um die Maus legen) und als Rübe (die Maus berührt einen Finger der zweiten Hand).

Idee: Marion Bischoff

Im Garten das Blümchen

Spiellied

Alter: ab 2 Jahren
Dauer: 10 Minuten

Im Garten das Blümchen blüht ganz wunderschön.
Die Bienen und Hummeln, die können es sehn.

Die Biene, sie landet am Blümchen und freut sich.
Dein Nektar schmeckt lecker, davon mach ich Honig.

Die Hummel kommt auch an und brummelt begeistert,
weil die schöne Blume ihr Leben bereichert.

Das Blümchen, es freut sich und lächelt zufrieden.
Kommt doch morgen wieder, ich freu mich, ihr Lieben.

Melodie: Es war eine Mutter

Und so geht's:
Bei diesem einfachen Spiellied können alle Kinder mitspielen. Entweder als Blümchen, Bienen oder Hummeln: in mehreren Spielrunden oder auch gemeinsam.

Idee: Marion Bischoff

Der Eisverkäufer Schleckermund

Lied

Der Eisverkäufer Schleckermund
macht Eis zum Naschen mit dem Mund.
Für jeden hat er was dabei.

Alter: ab 2 Jahren
Dauer: 10 Minuten

Refrain (2x):
„Wer will ein feines Eis,
wer will ein feines Eis?",
hört man den Eisverkäufer schrein.

Der Eisverkäufer Schleckermund
bringt das Eis zu jeder Stund.
Für jeden hat er was dabei.

Die Kinder warten schon gespannt.
Der Schleckermund kommt angerannt.
Für jeden hat er was dabei.

Die Oma schon im Garten sitzt,
der Schleckermund kommt angeflitzt.
Für jeden hat er was dabei.

Melodie: Die Affen rasen durch den Wald

Und so geht's:
Der Refrain wird nach jeder Strophe wiederholt.

Idee: Marion Bischoff

Sommerzeit

Lied

Alter: ab 2 Jahren
Dauer: 5 Minuten

S'ist Sommerzeit und es ist heiß,
im Schatten schlecken wir ein Eis, im So-o-mmer.
Im Sommer, im Sommer,
im Sommer, im Sommer.

S'ist Sommerzeit und es ist heiß,
beim Spielen rinnt uns oft der Schweiß, im So-o-mmer.
Im Sommer, im Sommer,
im Sommer, im Sommer.

S'ist Sommerzeit und es ist heiß,
im Garten steht der Grill bereit, im So-o-mmer.
Im Sommer, im Sommer,
im Sommer, im Sommer.

Melodie: Das Wandern ist des Müllers Lust

Idee: Marion Bischoff

Schmetterling im Garten

Spiellied

Alter: ab 2 Jahren
Dauer: 10 Minuten

Schmetterling im Garten
flattert hin und her,
flattert hin und her.
Wohin willst du fliegen,
vielleicht bis zum Meer?

Schmetterling im Garten
landet auf 'nem Blatt,
landet auf 'nem Blatt.
Wohin willst du fliegen,
vielleicht in die Stadt?

Schmetterling im Garten
landet auf der Hand,
landet auf der Hand.
Wohin willst du fliegen?
Vielleicht bis zum Strand?

Schmetterling im Garten,
landet neben dir,
landet neben dir.
Wohin willst du fliegen?
Ach, bleib lieber hier.

Melodie: Alle meine Entchen

Und so geht's:
Alle Kinder fliegen als Schmetterlinge umher. Immer bei „landet", setzen sich die Kinder hin.

Idee: Marion Bischoff

Heute gehen wir hinaus

Lied

Alter: ab 2 Jahren
Dauer: 10 Minuten

Heute gehen wir hinaus,
wollen draußen spielen.

Cremen unsre Haut erst ein,
uns schützen vor dem Sonnenschein.

Wollen draußen fröhlich sein,
rennen, bauen, toben.

Dort im Garten stehn bereit
viele tolle Dinge.

Schippe, Eimer und ein Ball,
Fahrrad, Roller, überall.

Freuen uns auch dieses Mal
auf das Spiel im Garten.

Melodie: Alle Vögel sind schon da

TIPP
Singen Sie dieses Lied, bevor Sie mit den Kindern im Sommer nach draußen gehen.

Idee: Marion Bischoff

Kleine Schnecke

Spiellied

Alter: ab 2 Jahren
Dauer: 10 Minuten

In unserm Garten kriecht etwas,
ist 'ne kleine Schnecke.
Das Haus hat sie schon mit dabei,
kriecht da um die Ecke.
Macht 'ne Schleimspur,
schleim, schleim, schleim.
Sucht den Schatten – schnell hinein.
Schöne, kleine Schnecke.

In unserm Garten kriecht etwas,
ist 'ne zweite Schnecke.
Das Haus hat sie schon mit dabei,
kriecht da um die Ecke.
Macht 'ne Schleimspur,
schleim, schleim, schleim.
Sucht den Schatten – schnell hinein.
Schöne, kleine Schnecke.

In unserm Garten kriecht etwas,
ist 'ne dritte Schnecke.
Das Haus hat sie schon mit dabei,
kriecht da um die Ecke.
Macht 'ne Schleimspur,
schleim, schleim, schleim.
Sucht den Schatten – schnell hinein.
Schöne, kleine Schnecke.

Melodie: Auf unsrer Wiese gehet was

Und so geht's:
Bei diesem Lied können nach und nach alle Kinder als Schnecken über den Boden kriechen.

Idee: Marion Bischoff

Herbst

Bunte Blätter fliegen

Lied

Alter: ab 2 Jahren
Dauer: 5 Minuten

Ich mag den lieben Herbstwind, der weht schön.
Bunte Blätter fliegen, das kann ich sehn.
Blätter fliegen in dem Wind,
fangen möcht sie jedes Kind.
Ich mag den lieben Herbstwind, der weht schön.

Ich mag den lieben Herbstwind, der weht schön.
Bunte Blätter fliegen, das kann ich sehn.
Blätter fliegen hin und her,
dies gefällt den Kindern sehr.
Ich mag den lieben Herbstwind, der weht schön.

Ich mag den lieben Herbstwind, der weht schön.
Bunte Blätter fliegen, das kann ich sehn.
Blätter fliegen ganz geschwind,
sie tanzen wie ein Wirbelwind.
Ich mag den lieben Herbstwind, der weht schön.

Ich mag den lieben Herbstwind, der weht schön.
Bunte Blätter fliegen, das kann ich sehn.
Blätter fliegen auch mal leis,
sie drehen sich dabei im Kreis.
Ich mag den lieben Herbstwind, der weht schön.

Melodie: Ein Männlein steht im Walde

Idee: Kathrin Eimler

Der Herbst ist so wunderschön

Lied zum Weiterdichten

Alter: ab 3 Jahren
Dauer: 5 Minuten

Der Herbst ist so wunderschön,
ich kann draußen ganz viel sehn.
Das Laub ist bunt anzusehn,
das finde ich wunderschön!

Der Herbst ist so wunderschön,
ich kann draußen ganz viel sehn.
Drachen fliegen in dem Wind,
rundherum und ganz geschwind.

Der Herbst ist so wunderschön,
ich kann draußen ganz viel sehn.
Regen bringt uns Pfützen her,
darin hüpfen mag ich sehr.

Der Herbst ist so wunderschön,
ich kann draußen ganz viel sehn.
Eichhörnchen, so flink und klein,
sammeln viele Nüsse ein.

Der Herbst ist so wunderschön,
ich kann draußen ganz viel sehn.
Der Bauer holt die Ernte ein,
Kartoffeln schmecken wirklich fein.

Melodie: Brüderchen, komm tanz mit mir

TIPP
In diesem Lied finden Sie einige typische Herbstbeobachtungen. Machen Sie mit den Kindern einen Spaziergang. Was kann man noch so beobachten? Erfinden Sie gemeinsam mit den Kindern neue Strophen!

Idee: Kathrin Eimler

Das Eichhörnchen und die Nuss

Mitmachlied

Alter: ab 1,5 Jahren
Dauer: 10 Minuten

Seht das Eichhörnchen, das hüpft dort in dem Baum herum,
seht das Eichhörnchen, das hüpft dort in dem Baum herum,
seht das Eichhörnchen, das hüpft, seht das Eichhörnchen, das hüpft,
seht das Eichhörnchen, das hüpft dort in dem Baum herum.

Mit beiden Händen parallel auf die Oberschenkel patschen.

Seht das Eichhörnchen, das hat sich eine Nuss geholt,
seht das Eichhörnchen, das hat sich eine Nuss geholt,
seht das Eichhörnchen, das hat, seht das Eichhörnchen, das hat,
seht das Eichhörnchen, das hat sich eine Nuss geholt.

Mit den Händen in die Luft greifen.

Seht das Eichhörnchen, das läuft jetzt mit der Nuss ganz schnell,
seht das Eichhörnchen, das läuft jetzt mit der Nuss ganz schnell,
seht das Eichhörnchen, das läuft jetzt, seht das Eichhörnchen, das läuft jetzt,
seht das Eichhörnchen, das läuft jetzt mit der Nuss ganz schnell.

Mit beiden Händen abwechselnd auf die Schenkel patschen.

Seht das Eichhörnchen, das buddelt nun ein tiefes Loch,
seht das Eichhörnchen, das buddelt nun ein tiefes Loch,
seht das Eichhörnchen, das buddelt, seht das Eichhörnchen, das buddelt,
seht das Eichhörnchen, das buddelt nun ein tiefes Loch.

Imaginäre Grabbewegungen machen.

Seht das Eichhörnchen, das legt die Nuss nun in das Loch,
seht das Eichhörnchen, das legt die Nuss nun in das Loch,
seht das Eichhörnchen, das legt, seht das Eichhörnchen, das legt,
seht das Eichhörnchen, das legt die Nuss nun in das Loch.

Mit den Fingerspitzen senkrecht in die Handfläche der anderen Hand tippen.

Seht das Eichhörnchen, das schaufelt Erde auf das Loch,
seht das Eichhörnchen, das schaufelt Erde auf das Loch,
seht das Eichhörnchen, das schaufelt, seht das Eichhörnchen, das schaufelt,
seht das Eichhörnchen, das schaufelt Erde auf das Loch!

Mit den Fingern flach in die Handfläche der anderen Hand klopfen.

Seht das Eichhörnchen, das hat die Nuss nun gut versteckt,
seht das Eichhörnchen, das hat die Nuss nun gut versteckt,
seht das Eichhörnchen, das hat, seht das Eichhörnchen, das hat,
seht das Eichhörnchen, das hat die Nuss nun gut versteckt.

Augen zuhalten.

Warum sammelt denn das Eichhörnchen die Nüsse ein?
Warum sammelt denn das Eichhörnchen die Nüsse ein?
Warum sammelt denn das Eichhörnchen, sammelt denn das Eichhörnchen,
sammelt denn das Eichhörnchen die Nüsse ein?

Hände reiben, Schultern zucken.

Damit es im Winter auch etwas zu fressen hat!
Damit es im Winter auch etwas zu fressen hat!
Damit es im Winter etwas, damit es im Winter etwas,
damit es im Winter auch etwas zu fressen hat!

Den Bauch reiben.

Liebes Eichhörnchen, wir wünschen „Guten Appetit!"
Liebes Eichhörnchen, wir wünschen „Guten Appetit!"
Liebes Eichhörnchen, wir wünschen, liebes Eichhörnchen, wir wünschen,
liebes Eichhörnchen, wir wünschen „Guten Appetit!"

In die Hände klatschen.

Melodie: Hab 'ne Tante aus Marokko

Idee: Kathrin Eimler

Die schöne Herbstzeit

Lied

Alter: ab 2 Jahren
Dauer: 5 Minuten

Der Herbst, der ist jetzt gekommen,
der Herbst, der ist jetzt gekommen,
der Herbst, der ist jetzt gekommen,
die schöne Herbstzeit.

Das Laub wird nun immer bunter,
das Laub wird nun immer bunter,
das Laub wird nun immer bunter
in der schönen Herbstzeit.

Wir können die Äpfel ernten,
wir können die Äpfel ernten,
wir können die Äpfel ernten
in der schönen Herbstzeit.

Vögel fliegen in den Süden,
Vögel fliegen in den Süden,
Vögel fliegen in den Süden
in der schönen Herbstzeit.

Wir wollen Kastanien sammeln,
wir wollen Kastanien sammeln,
wir wollen Kastanien sammeln
in der schönen Herbstzeit.

Wir lassen die Drachen steigen,
wir lassen die Drachen steigen,
wir lassen die Drachen steigen
in der schönen Herbstzeit.

Melodie: We wish you a merry Christmas

Idee: Kathrin Eimler

Ein bunter Herbstteller

Lied zum Gestalten

Material
- Kastanien
- Eicheln
- Nüsse
- Laub
- Teller

Alter: ab 2 Jahren
Dauer: 5 Minuten

Refrain:
Der Teller wird bunt,
der Teller wird fein,
der Teller wird bunt,
sehr schön wird er sein.

Wir gehen nach draußen
und sammeln sie ein,
ganz viele Herbstfrüchte,
in Groß und in Klein.

Wir sammeln Kastanien,
ein paar Eicheln auch,
wir sammeln nun Nüsse
und auch buntes Laub.

Wir legen das Herbstlaub
auf den Teller drauf,
herbstbunt wird der Teller
und sieht so schön aus.

Wir legen Kastanien
auf den Teller drauf,
herbstbunt wird der Teller
und sieht so schön aus.

Wir legen die Eicheln
auf den Teller drauf,
herbstbunt wird der Teller
und sieht so schön aus.

Wir legen die Nüsse
auf den Teller drauf,
herbstbunt wird der Teller
und sieht so schön aus.

Melodie: Der Maikäfer Hugo

Und so geht's:

Sammeln Sie mit den Kindern bei einem herbstlichen Spaziergang Kastanien, Eicheln, Nüsse und Laub. Singen Sie im Anschluss das Lied. Die Kinder können während der Strophen mit den entsprechenden Naturmaterialien einen Herbstteller gestalten. Der Refrain wird nach jeder Strophe wiederholt.

Idee: Kathrin Eimler

Ein kleiner Geist

Lied

Alter: ab 2 Jahren
Dauer: 5 Minuten

Ein kleiner Geist kommt geflogen,
klopft an meine Tür,
und ich frage das Geistlein:
„Sag, was möchtest du hier?“

Der kleine Geist guckt so traurig
und sagt: „Mir ist kalt!
Es ist draußen so stürmisch,
dort in meinem Herbstwald.“

„Lieber Geist, komm herein,
hier bei mir ist es warm!“
Ich nehm den kleinen Geist
ganz fest in den Arm.

Dann koch ich eine Suppe
und die essen wir zwei.
Danach plaudern wir beide
bis nachts um halb drei.

Der kleine Geist bleibt bei mir,
die ganze kalte Nacht.
Und wir schlafen später friedlich,
als der Mond über uns wacht.

Melodie: Kommt ein Vogel geflogen

Idee: Kathrin Eimler

Laternen für das Lichterfest

Laternenlied

Alter: ab 2 Jahren
Dauer: 5 Minuten

Wir woll'n basteln, wir woll'n basteln,
eine Laterne, eine Laterne.
Für das Lichterfest, für das Lichterfest!
Das wird schön, das wird schön!

Wir basteln aus Papier, wir basteln aus Papier,
eine Laterne, eine Laterne.
Für das Lichterfest, für das Lichterfest!
Das wird schön, das wird schön!

Wir schneiden Sterne, wir schneiden Sterne,
für die Laterne, für die Laterne.
Für das Lichterfest, für das Lichterfest!
Das wird schön, das wird schön!

Wir kleben die Sterne, wir kleben die Sterne,
auf die Laterne, auf die Laterne.
Für das Lichterfest, für das Lichterfest!
Das wird schön, das wird schön!

Wir stellen die Kerze, wir stellen die Kerze,
in die Laterne, in die Laterne.
Für das Lichterfest, für das Lichterfest!
Das wird schön, das wird schön!

Nun leuchtet die Kerze, nun leuchtet die Kerze,
in der Laterne, in der Laterne.
Auf dem Lichterfest, auf dem Lichterfest!
Das ist schön, das ist schön!

Melodie: Bruder Jakob

Idee: Kathrin Eimler

Kartoffelernte

Mitmachlied

Alter: ab 1,5 Jahren
Dauer: 5 Minuten

Der Bauer fährt auf's Kartoffelfeld, Kartoffelfeld, Kartoffelfeld,
der Bauer fährt auf's Kartoffelfeld, Kartoffelfeld.
Imaginäres Lenkrad lenken.

Er sammelt die Kartoffeln ein, Kartoffeln ein, Kartoffeln ein,
er sammelt die Kartoffeln ein, Kartoffeln ein.
Einen Arm gebogen als Korb vor sich halten, mit der anderen Hand die imaginären Kartoffeln einsammeln.

Der Bauer fährt zurück nach Haus, zurück nach Haus, zurück nach Haus,
der Bauer fährt zurück nach Haus, zurück nach Haus.
Imaginäres Lenkrad lenken.

Er trägt die Kartoffeln in sein Haus, in sein Haus, in sein Haus,
er trägt die Kartoffeln in sein Haus, in sein Haus.
Hausdach mit den Händen zeigen.

Jetzt schält und schneidet er sie klein, er sie klein, er sie klein,
jetzt schält und schneidet er sie klein, er sie klein.
Faust machen, die andere Hand drumherum reiben.

Nun kocht er sich Kartoffelbrei, Kartoffelbrei, Kartoffelbrei,
nun kocht er sich Kartoffelbrei, Kartoffelbrei.
Im imaginären Kochtopf rühren.

Kartoffelbrei, der schmeckt ihm gut, schmeckt ihm gut, schmeckt ihm gut,
Kartoffelbrei, der schmeckt ihm gut, schmeckt ihm gut.
Essbewegungen machen.

Der Bauer ist nun richtig satt, richtig satt, richtig satt,
der Bauer ist nun richtig satt, richtig satt.
Den Bauch reiben.

Er legt sich hin und ruht sich aus, ruht sich aus, ruht sich aus,
er legt sich hin und ruht sich aus, ruht sich aus.
Kopf seitlich auf die Hände legen.

Melodie: Dornröschen war ein schönes Kind

TIPP
Im Anschluss bietet es sich an, selbst Kartoffelbrei mit den Kindern herzustellen.

Idee: Kathrin Eimler

Mein Licht scheint hell

Lied

Alter: ab 2 Jahren
Dauer: 5 Minuten

Material
Laterne

Mein Licht scheint hell,
mein Licht scheint heut so hell!
Mein Licht scheint heut so wunderschön,
wenn wir mit Laternen gehn,
mein Licht scheint hell.

Mein Licht scheint hell,
mein Licht scheint heut so hell!
Wir gehen, wenn es dunkel wird,
warm eingepackt und keiner friert!
Mein Licht scheint hell.

Mein Licht scheint hell,
mein Licht scheint heut so hell!
Wir singen schöne Lieder
beim Gehen immer wieder.
Mein Licht scheint hell.

Mein Licht scheint hell,
mein Licht scheint heut so hell!
Wir gehen unterm Sternenzelt,
mein Lichtlein scheint weit in die Welt.
Mein Licht scheint hell.

Mein Licht scheint hell,
mein Licht scheint heut so hell!
Am Ende gehen wir nach Haus
und machen nun das Lichtlein aus.
Mein Licht scheint hell.

Melodie: Schlaf, Kindlein, schlaf

TIPP
Soll es ein wenig gemütlicher sein? Versammeln Sie sich beim Singen doch mit den Kindern um eine Laterne!

Idee: Kathrin Eimler

Obsternte

Mitmachlied

Material
Bildkarten: Apfel, Birne, Pflaume

Alter: ab 2 Jahren
Dauer: 5 Minuten

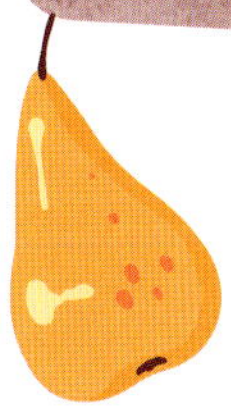

Wir wollen heute Äpfel ernten
von dem schönen Apfelbaum,
wir wollen heute Äpfel ernten
von dem Apfelbaum.
Wir schütteln ihn und rütteln ihn
und sammeln Äpfel unter ihm.
Wir wollen heute Äpfel ernten
von dem Apfelbaum.

Wir wollen heute Birnen ernten
von dem schönen Birnenbaum,
wir wollen heute Birnen ernten
von dem Birnenbaum.
Wir schütteln ihn und rütteln ihn
und sammeln Birnen unter ihm.
Wir wollen heute Birnen ernten
von dem Birnenbaum.

Wir wollen heute Pflaumen ernten
von dem schönen Pflaumenbaum,
wir wollen heute Pflaumen ernten
von dem Pflaumenbaum.
Wir schütteln ihn und rütteln ihn
und sammeln Pflaumen unter ihm.
Wir wollen heute Pflaumen ernten
von dem Pflaumenbaum.

Melodie: Es tanzt ein Bi-Ba-Butzemann

Und so geht's:
Herbstzeit ist Erntezeit. Zeigen Sie den Kindern die Bilder. Welches Obst kennen sie schon? Halten Sie die Bildkarten hoch, während Sie die entsprechende Strophe singen.

Idee: Kathrin Eimler

Obstsalat

Mitmachlied

Alter: ab 1,5 Jahren
Dauer: 5 Minuten

Material
Bildkarten von Äpfeln, Birnen, Trauben, Bananen, Nüssen

Wir wolln Äpfel schneiden
Mit dem Finger auf der Handfläche reiben.

für den Obstsalat,
Mit allen Fingern in die Handfläche tippen.

für den Obstsalat.

Obstsalat ist lecker
Den Bauch reiben.

und er macht uns stark.
Armmuskeln zeigen.

Wir wolln Birnen schneiden
Mit dem Finger auf der Handfläche reiben.

für den Obstsalat,
Mit allen Fingern in die Handfläche tippen.

für den Obstsalat.

Obstsalat ist lecker
Den Bauch reiben.

und er macht uns stark.
Armmuskeln zeigen.

Wir wolln Trauben schneiden
Mit dem Finger auf der Handfläche reiben.

für den Obstsalat,
Mit allen Fingern in die Handfläche tippen.

für den Obstsalat.

Obstsalat ist lecker
Den Bauch reiben.

und er macht uns stark.
Armmuskeln zeigen.

Wir schneiden Bananen
Mit dem Finger auf der Handfläche reiben.

für den Obstsalat,
Mit allen Fingern in die Handfläche tippen.

für den Obstsalat.

Obstsalat ist lecker
Den Bauch reiben.

und er macht uns stark.
Armmuskeln zeigen.

Nun streun wir noch Nüsse
Fingerspitzen nach unten halten, aneinander reiben.

auf den Obstsalat,
Fingerspitzen nach unten halten, aneinander reiben.

auf den Obstsalat.

Essen ihn ganz schnell auf
Essbewegungen machen.

und jetzt sind wir stark!
Armmuskeln zeigen.

Melodie: Alle meine Entchen

TIPP
Begleiten Sie das Lied visuell, indem Sie die entsprechenden Bildkarten hochhalten. Haben die Kinder Ideen, was noch so in einen Obstsalat hineinkönnte?

Idee: Kathrin Eimler

Pfützenspringen

Bewegungslied

Alter: ab 1,5 Jahren
Dauer: 5 Minuten

Schaut mal zum Fenster raus, schaut mal zum Fenster raus.
Schaut doch einmal zum Fenster raus, schaut zum Fenster raus, schaut mal zum Fenster raus.

Der Regen fällt herab, der Regen fällt herab.
Der Regen fällt ganz schnell herab, Regen fällt herab, der Regen fällt herab.

Die Erde ist jetzt nass, die Erde ist jetzt nass.
Die Erde ist vom Regen nass, ist vom Regen nass, die Erde ist jetzt nass.

Wir laufen schnell hinaus, wir laufen schnell hinaus.
Wir laufen nun ganz schnell hinaus, laufen schnell hinaus, wir laufen schnell hinaus.

Wir springen in die Pfütz, wir springen in die Pfütz.
Wir springen in die Pfütz hinein, in die Pfütz hinein, wir springen in die Pfütz.

Das Hüpfen macht viel Spaß, das Hüpfen macht viel Spaß.
Das Hüpfen macht uns so viel Spaß, Hüpfen macht viel Spaß, das Hüpfen macht viel Spaß.

Wir hüpfen auf und ab, wir hüpfen auf und ab.
Wir hüpfen immer auf und ab, hüpfen auf und ab, wir hüpfen auf und ab.

Melodie: Ein Schneider fing 'ne Maus

Und so geht's:
Hüpfen und springen Sie mit den Kindern an den passenden Stellen zu dem Lied.

Idee: Kathrin Eimler

Regentropfen

Spiellied

Alter: ab 2 Jahren
Dauer: 5 Minuten

Regentropfen, sie fallen aus den Wolken hinaus,
sie fallen und fallen hinab auf unser Haus.

Regentropfen, sie fliegen im Wind hin und her,
sie fliegen und fliegen, das mögen sie sehr.

Regentropfen, sie wirbeln im Sturme herum,
sie wirbeln und wirbeln, mal gerade, mal krumm.

Regentropfen, sie tanzen auch manchmal ganz leis,
sie tanzen und tanzen herum nun im Kreis.

Regentropfen, sie fallen auf die Erde ganz fein,
dort liegen sie ruhig und schlafen schnell ein.

Melodie: Schneeflöckchen, Weißröckchen

Und so geht's:
Die Kinder verwandeln sich in Regentropfen und ahmen nach, was in den Strophen gesungen wird.

Idee: Kathrin Eimler

Tierlein ruh' dich aus

Lied

Alter: ab 2 Jahren
Dauer: 5 Minuten

Material
Bildkarten der Tiere

Im Herbst wird es nun langsam kalt
und viele Tiere schlafen bald.

Refrain
Tierlein ruh dich aus, Tierlein ruh dich aus,
komm erst im Frühling wieder raus.

Der Igel frisst sich dick und rund,
bleibt bis zum Frühling dann gesund.

Die Fledermaus, die ist so klein,
möcht' zum Schlafen in der Höhle sein.

Murmeltiere kuscheln sich schnell ein,
die Familie schläft gemeinsam ein.

Auch die Bären ruhen sich nun aus
und gehn nur selten aus der Höhle raus.

Das Eichhörnchen, so flink und klein,
frisst manchmal und schläft wieder ein.

Melodie: Die Vogelhochzeit

Und so geht's:
Zeigen Sie den Kindern die Bildkarten, wenn Sie die einzelnen Strophen singen. Wiederholen Sie den Refrain nach jeder Strophe.

Idee: Kathrin Eimler

Wenn der Herbst kommt

Bewegungslied

Alter: ab 2 Jahren
Dauer: 5 Minuten

Wenn der Herbst kommt, wird es draußen kalt
und ich brauche meine Jacke bald.
Ich zieh mir jetzt meine Jacke an,
damit ich nun draußen spielen kann.

Wenn der Herbst kommt, wird es draußen kalt
und ich brauche meine Regenhose bald.
Ich zieh mir jetzt meine Regenhose an,
damit ich nun draußen spielen kann.

Wenn der Herbst kommt, wird es draußen kalt
und ich brauche meine Gummistiefel bald.
Ich zieh mir jetzt meine Gummistiefel an,
damit ich nun draußen spielen kann.

Wenn der Herbst kommt, wird es draußen kalt
und ich brauche meine Mütze bald.
Ich zieh mir jetzt meine Mütze an,
damit ich nun draußen spielen kann.

Wenn der Herbst kommt, wird es draußen kalt
und ich brauche meine Handschuhe bald.
Ich zieh mir jetzt meine Handschuhe an,
damit ich nun draußen spielen kann.

Melodie: Head and shoulders

Und so geht's:
Jeweils in der ersten Zeile reibt man sich über die Oberarme. Jeweils in der letzten Zeile rollt man die Arme umeinander. In den mittleren Zeilen zieht man imaginär das jeweilige Kleidungsstück an.

Idee: Kathrin Eimler

Winter

Ach, du kleiner Eiszapf

Lied

Alter: ab 2 Jahren
Dauer: 5 Minuten

Ach, du kleiner Eiszapf, bist so kalt und spitz,
bist so kalt und spitz.
Tropfst auf die Erde, so als ob du schwitzt.

An den Sonnentagen schmilzt du so dahin,
schmilzt du so dahin.
Bitte liebe Sonne, geh fort ganz geschwind.

In der Nacht, da frierst du, wirst ganz kalt und fest,
wirst ganz kalt und fest.
Willst noch größer werden, wenn man dich nur lässt.

Melodie: Alle meine Entchen

TIPP
Wer ist nicht von Eiszapfen fasziniert? Machen Sie sich mit den Kindern auf die Suche nach Eiszapfen. Vielleicht sehen Sie ja tatsächlich einen „schwitzen".

Idee: Nadine Marchi

Berg hinab und Berg hinauf

Bewegungslied

Alter: ab 3 Jahren
Dauer: 10 Minuten

Heute wolln wir Schlitten fahren, Berg hinab, hurra!
Heute wolln wir Schlitten fahren, Berg hinab, hurra!
Heute wolln wir Schlitten fahren,
heute wollen wir Schlitten fahren,
heute wolln wir Schlitten fahren, Berg hinab, hurra!
Arme nach oben reißen.

Als Erstes laufen wir den Berg hinauf, lauf, lauf.
Als Erstes laufen wir den Berg hinauf, lauf, lauf.
Als Erstes laufen wir, als Erstes laufen wir,
als Erstes laufen wir den Berg hinauf, lauf, lauf.
2x aufstehen.

Oben angekommen schaun wir uns mal um. Ui, ui!
Oben angekommen schaun wir uns mal um. Ui, ui!
Oben angekommen schaun wir,
oben angekommen schaun wir,
oben angekommen schaun wir uns mal um. Ui, ui!
Handrücken an die Stirn halten und Ausschau halten.

Und dann setzen wir uns auf den Schlitten drauf, zack, zack!
Und dann setzen wir uns auf den Schlitten drauf, zack, zack!
Und dann setzen wir uns drauf und dann setzen wir uns drauf
und dann setzen wir uns auf den Schlitten drauf, zack, zack!
Auf den Po tätscheln.

Und dann fahren wir den Berg hinab ganz schnell, flott, flott!
Und dann fahren wir den Berg hinab ganz schnell, flott, flott!
Und dann fahren wir ganz schnell und dann fahren wir ganz schnell
und dann fahren wir ganz schnell den Berg hinab, flott, flott!
Oberkörper nach vorne beugen.

Und dann wollen wir nochmal den Berg hinauf, ja, ja!
Und dann wollen wir nochmal den Berg hinauf, ja, ja!
Und dann wollen wir nochmal und dann wollen wir nochmal
und dann wollen wir nochmal den Berg hinauf, ja, ja!
Unterarme übereinanderschlagen.

Melodie: Tante aus Marokko

Idee: Nadine Marchi

Drei Rentiere mit 'nem Glöckchen dran

Mitmachlied

Alter: ab 2 Jahren
Dauer: 5 bis 10 Minuten

Material
für jedes Kind
ein Glöckchen

Drei Rentiere mit 'nem Glöckchen dran
standen auf der Wiese bei dem Weihnachtsmann.
Da rief ein Rentier laut: „Mach doch auch mal mit!"
Drei Rentiere mit 'nem Glöckchen dran.

Vier Rentiere mit 'nem Glöckchen dran
standen auf der Wiese bei dem Weihnachtsmann.
Da rief ein Rentier laut: „Mach doch auch mal mit!"
Vier Rentiere mit 'nem Glöckchen dran.

Fünf Rentiere mit 'nem Glöckchen dran
standen auf der Wiese bei dem Weihnachtsmann.
Da rief ein Rentier laut: „Mach doch auch mal mit!"
Fünf Rentiere mit 'nem Glöckchen dran.

Melodie: Drei Chinesen mit dem Kontrabass

Und so geht's:
Jedes Kind bekommt ein Glöckchen. In der ersten Strophe klingeln drei Kinder mit ihren Glöckchen, bei jeder weiteren Strophe kommt ein neues Kind mit einem Glöckchen hinzu. Sie können die Strophen nach Belieben fortführen, bis alle Kinder einmal dran waren.

Idee: Nadine Marchi

Kannst du wie ein Hase hüpfen?

Material
Bildkarten von den Tieren

Bewegungslied

Alter: ab 2 Jahren
Dauer: 5 Minuten

Hüpf, hüpf, hüpf du kleiner Hase,
hüpf, hüpf, hüpf in deinen Bau.
Hüpf so schnell in Windeseile,
denn der Winter naht schon bald.

Flieg, flieg, flieg du kleiner Vogel,
flieg, flieg, flieg hoch in dein Nest.
Flieg so schnell in Windeseile,
denn der Winter naht schon bald.

Spring, spring, spring du flinkes Eichhörnchen,
spring, spring, spring von Ast zu Ast.
Spring so schnell in Windeseile,
denn der Winter naht schon bald.

Lauf, lauf, lauf du roter schöner Fuchs,
lauf, lauf, lauf hinaus auf's Feld.
Lauf so schnell in Windeseile,
denn der Winter naht schon bald.

Tippel, tippel, tippel du kleine graue Maus,
tippel, tippel, tippel in dein Mauseloch.
Tippel so schnell in Windeseile,
denn der Winter naht schon bald.

Schleich, schleich, schleich du kleine Schlange,
schleich, schleich, schleich in dein Gebüsch.
Schleich so schnell in Windeseile,
denn der Winter naht schon bald.

Geh, geh, geh du kleines Rehkitz,
geh, geh, geh in den Winterwald zurück.
Geh so schnell in Windeseile,
denn der Winter naht schon bald.

Still, still, still nun sei recht leise,
still, still, still und mach die Augen zu.
Sei ganz still im Winterwalde,
hör dem Schnee beim Fallen zu.

Melodie: Grün, grün, grün sind alle meine Kleider

Und so geht's:
Machen Sie mit den Kindern die in den Strophen benannten Bewegungen mit. Zur visuellen Unterstützung zeigen Sie den Kindern Bildkarten von den Tieren.

Idee: Nadine Marchi

Luise will einen Schneemann bauen

Lied

Alter: ab 3 Jahren
Dauer: 10 Minuten

Luise will 'nen Schneemann baun,
bevor der Schnee anfängt zu taun.
Fideralala, Fideralala, Fideralalala-la

Sie zieht sich schnell die Jacke an,
damit sie draußen spielen kann.
Fideralala, Fideralala, Fideralalala-la

Die Mütze, die muss auch noch auf,
das ist im Winter so der Lauf.
Fideralala, Fideralala, Fideralalala-la

Es fehlen jetzt die warmen Schuh,
sie stehen in der großen Truh.
Fideralala, Fideralala, Fideralalala-la

Luise ist nun angezogen,
da kommt der erste Schnee geflogen.
Fideralala, Fideralala, Fideralalala-la

Hinaus geht es in Windeseile,
sie hofft so, dass der Schnee auch bleibe.
Fideralala, Fideralala, Fideralalala-la

Schnell ist der Schnee rund aufgerollt,
Luise hat es so gewollt.
Fideralala, Fideralala, Fideralalala-la

Der Schneemann braucht noch einen Hut,
den klaut sie ihrem Bruder Knut.
Fideralala, Fideralala, Fideralalala-la

Als Nase muss die Möhre her,
Luise mag sie auch so sehr.
Fideralala, Fideralala, Fideralalala-la

Um den Hals kommt jetzt der Schal,
bestickt mit einem Schneekristall.
Fideralala, Fideralala, Fideralalala-la

Die Augen und der Mund sind groß,
womit macht das Luise bloß.
Fideralala, Fideralala, Fideralalala-la

Zum Schluss da kommt ein Besen dran,
damit er auch gut stehen kann.
Fideralala, Fideralala, Fideralalala-la

Luise liebt den Schneemann sehr
und hüpft schnell vor ihm hin und her.
Fideralala, Fideralala, Fideralalala-la

Luise geht jetzt in das Haus,
das Schneemannslied, das ist jetzt aus.
Fideralala, Fideralala, Fideralalala-la

Melodie: Die Vogelhochzeit

Idee: Nadine Marchi

Der schöne Weihnachtsbaum

Lied zum Schmücken

Alter: ab 1,5 Jahren
Dauer: 10 Minuten

Material

- Weihnachtsbaum
- LED-Kerzen
- Kugeln
- Sterne
- Wichtel aus Tonpapier/Tonkarton

Refrain:
Der Weihnachtsbaum, der wird so schön,
der Weihnachtsbaum – ihr werdet es sehn!

Wir schmücken das Bäumchen,
das wird wunderschön!
Wir schmücken das Bäumchen,
du wirst es gleich sehn!

Wir nehmen die Kerzen
aus der Kiste raus
und schmücken die Zweige,
das sieht so schön aus!

Wir nehmen die Kugeln
aus der Kiste raus
und schmücken die Zweige,
das sieht so schön aus!

Wir nehmen die Sterne
aus der Kiste raus
und schmücken die Zweige,
das sieht so schön aus!

Wir nehmen die Wichtel
aus der Kiste raus
und schmücken die Zweige,
das sieht so schön aus!

Nun ist das Bäumchen
geschmückt wunderbar,
es glänzt und es leuchtet,
die Weihnacht ist nah.

Melodie: Maikäfer Hugo

Und so geht's:
Während das Lied gesungen wird, dürfen die Kinder den entsprechenden Baumschmuck auf den Weihnachtsbaum legen. Der Refrain wird nach jeder Strophe wiederholt.

Idee: Kathrin Eimler

Ich warte auf den Weihnachtstag

Mitmachlied

Alter: ab 2,5 Jahren
Dauer: 10 Minuten

Ich wart auf den Weihnachtstag,
Hände reiben.

weil ich ihn so gerne mag!
Sich selbst in den Arm nehmen.

Schmücke unsern Weihnachtsbaum,
Mit den Händen nach vorne greifen.

bis er aussieht wie im Traum.
Finger nach oben zappeln lassen.

Ich wart auf den Weihnachtstag,
weil ich ihn so gerne mag!

Ich wart auf den Weihnachtstag,
Hände reiben.

weil ich ihn so gerne mag!
Sich selbst in den Arm nehmen.

Kekse essen mit Mama,
Hände abwechselnd zum Mund führen.

spielen dann mit dem Papa.
Arme umeinander rollen.

Ich wart auf den Weihnachtstag,
weil ich ihn so gerne mag!

TIPP
Fragen Sie die Kinder im Anschluss an das Lied, was sie gerne an Weihnachten machen. Können sie sich noch daran erinnern?

Ich wart auf den Weihnachtstag,
Hände reiben.

weil ich ihn so gerne mag!
Sich selbst in den Arm nehmen.

Bald hör ich ein Glöckchen klingen,
Hand hinter die Ohrmuschel legen.

wollen Weihnachtslieder singen.
In die Hände klatschen.

Ich wart auf den Weihnachtstag,
weil ich ihn so gerne mag!

Ich wart auf den Weihnachtstag,
Hände reiben.

weil ich ihn so gerne mag!
Sich selbst in den Arm nehmen.

Nun ist der Weihnachtsabend da,
Auf die Schenkel patschen.

er wird wirklich wunderbar.
Auf die Schenkel patschen.

Ich wart auf den Weihnachtstag,
weil ich ihn so gerne mag!

Melodie: Funkel, funkel, kleiner Stern

Idee: Kathrin Eimler

In der Winterzeit

Bewegungslied

Alter: ab 1,5 Jahren
Dauer: 10 Minuten

Im Winter wolln wir viel machen,
Arme umeinanderrollen.
im Winter wolln wir viel machen,
im Winter wolln wir viel machen
in der Winterzeit.
Finger von oben nach unten zappeln lassen.

Wir wollen 'nen Schneemann bauen,
Fäuste übereinanderstapeln.
wir wollen 'nen Schneemann bauen,
wir wollen 'nen Schneemann bauen
in der Winterzeit.
Finger von oben nach unten zappeln lassen.

Wir wollen gern Schlitten fahren,

Arm von der Schulter zur Hand abstreichen.

wir wollen gern Schlitten fahren,
wir wollen gern Schlitten fahren
in der Winterzeit.

Finger von oben nach unten zappeln lassen.

Wir füttern die kleinen Vögel,

In die Handfläche tippen.

wir füttern die kleinen Vögel,
wir füttern die kleinen Vögel
in der Winterzeit.

Finger von oben nach unten zappeln lassen.

Wir backen ganz viele Kekse,

Mit den Fingerspitzen in die andere Handfläche tippen.

wir backen ganz viele Kekse,
wir backen ganz viele Kekse
in der Winterzeit.

Finger von oben nach unten zappeln lassen.

Wir wollen was Schönes basteln,

Hände reiben.

wir wollen was Schönes basteln,
wir wollen was Schönes basteln
in der Winterzeit.

Finger von oben nach unten zappeln lassen.

Melodie: We wish you a merry Christmas

TIPP
Im Winter kann man so einiges erleben. Fällt den Kindern noch mehr ein? Erfinden Sie neue Strophen!

Idee: Kathrin Eimler

Schneeflockentanz

Spiellied

Alter: ab 1,5 Jahren
Dauer: 5 Minuten

Material
Chiffontücher

Es tanzt ein kleines Schneeflöckchen
dort am Himmel rum, fidebum,
es tanzt ein kleines Schneeflöckchen
dort am Himmel rum.
Es tanzt mal hin, es tanzt mal her,
das Tanzen, das gefällt ihm sehr.
Es tanzt ein kleines Schneeflöckchen
dort am Himmel rum.

Es tanzt ein kleines Schneeflöckchen
dort am Himmel rum, fidebum,
es tanzt ein kleines Schneeflöckchen
dort am Himmel rum.
Es tanzt im Wind, es tanzt ganz leis,
es dreht sich nun herum im Kreis.
Es tanzt ein kleines Schneeflöckchen
dort am Himmel rum.

Es tanzt ein kleines Schneeflöckchen
dort am Himmel rum, fidebum,
es tanzt ein kleines Schneeflöckchen
dort am Himmel rum.
Es tanzt mal auf, es tanzt mal ab,
dabei fällt es ganz sacht hinab.
Es tanzt ein kleines Schneeflöckchen
dort am Himmel rum.

Melodie: Es tanzt ein Bi-Ba-Butzemann

Und so geht's:
In diesem Lied verwandeln sich die Kinder in kleine Schneeflöckchen und tanzen dem Text entsprechend im Kreis herum. Mit den Chiffontüchern in der Hand fliegen die Kinder sanft wie echte Schneeflocken. In der letzten Strophe legen sich die Kinder wie die Schneeflocken auf der Erde nieder.

Idee: Kathrin Eimler

Kekse backen

Lied

Alter: ab 2 Jahren
Dauer: 5 Minuten

Wir wollen Kekse backen, wie wunderbar,
wir wollen Kekse backen, das ist doch klar!
Kekse backen ist der Hit!
Alle Kinder machen mit!
Wir wollen Kekse backen, wie wunderbar!

Wir wollen Kekse backen, wie wunderbar,
wir wollen Kekse backen, das ist doch klar!
Mehl und Zucker brauchen wir,
Butter auch – die steht schon hier!
Wir wollen Kekse backen, wie wunderbar!

Wir wollen Kekse backen, wie wunderbar,
wir wollen Kekse backen, das ist doch klar!
Eier geben wir dazu,
kneten nun den Teig in Ruh!
Wir wollen Kekse backen, wie wunderbar!

Wir wollen Kekse backen, wie wunderbar,
wir wollen Kekse backen, das ist doch klar!
Rollen jetzt den Teig ganz aus,
stechen viele Formen draus.
Wir wollen Kekse backen, wie wunderbar!

Wir wollen Kekse backen, wie wunderbar,
wir wollen Kekse backen, das ist doch klar!
Kekse in den Ofen rein,
duften tut es bald ganz fein.
Wir wollen Kekse backen, wie wunderbar!

Wir wollen Kekse backen, wie wunderbar,
wir wollen Kekse backen, das ist doch klar!
Nun noch Schokolade drauf,
das wird unser Lieblingsschmaus.
Wir wollen Kekse backen, wie wunderbar!

Melodie: Ein Männlein steht im Walde

Idee: Kathrin Eimler

Kerzen auf dem Adventskranz

Lied zum Advent

Alter: ab 1,5 Jahren
Dauer: 5 Minuten

Eine Kerze, eine Kerze,
brennt so schön, brennt so schön.
Hier auf dem Adventskranz,
hier auf dem Adventskranz
gibt sie Licht, gibt sie Licht.

Zwei Kerzen, zwei Kerzen,
brennen schön, brennen schön.
Hier auf dem Adventskranz,
hier auf dem Adventskranz
geben sie Licht, geben sie Licht.

Drei Kerzen, drei Kerzen,
brennen schön, brennen schön.
Hier auf dem Adventskranz,
hier auf dem Adventskranz
geben sie Licht, geben sie Licht.

Vier Kerzen, vier Kerzen,
brennen schön, brennen schön.
Hier auf dem Adventskranz,
hier auf dem Adventskranz
geben sie Licht, geben sie Licht.

Alle Kerzen, alle Kerzen,
brennen schön, brennen schön.
Hier auf dem Adventskranz,
hier auf dem Adventskranz:
Weihnacht ist nah, Weihnacht ist nah.

Melodie: Bruder Jakob

TIPP

Am Adventskranz lesen wir ab, wie lange wir noch auf Weihnachten warten müssen. Singen Sie im Advent jede Woche die passende Strophe. Wenn Sie wollen, können Sie jede Woche ein Licht mehr anmachen.

Idee: Kathrin Eimler

Wann kommt der Nikolaus

Bewegungslied

Alter: ab 2 Jahren
Dauer: 5 Minuten

Wann kommt denn nun der Nikolaus,
Nikolaus, Nikolaus,
wann kommt denn nun der Nikolaus, Nikolaus?
Auf die Schenkel patschen.

Ich stell die Schuhe vor das Haus,
vor das Haus, vor das Haus,
ich stell die Schuhe vor das Haus, vor das Haus.
1x auf die Schenkel patschen, Hausdach mit den Händen zeigen.

Ich stell ihm Milch und Kekse hin,
Kekse hin, Kekse hin,
ich stell ihm Milch und Kekse hin, Kekse hin.
Hände reiben.

Nun schlafe ich ganz tief und fest,
tief und fest, tief und fest,
nun schlafe ich ganz tief und fest, tief und fest.
Kopf seitlich auf die Hände legen.

Am Morgen wach ich wieder auf,
wieder auf, wieder auf,
am Morgen wach ich wieder auf, wieder auf.
Sich recken und strecken.

Ich laufe schnell zu meinem Schuh,
meinem Schuh, meinem Schuh,
ich laufe schnell zu meinem Schuh, meinem Schuh.
Mit den Füßen trampeln.

Was ist denn in dem Schuh wohl drin,
Schuh wohl drin, Schuh wohl drin,
was ist denn in dem Schuh wohl drin,
Schuh wohl drin?
Hand an die Stirn legen, herumblicken.

Ich sehe viele Leckerein, Leckerein, Leckerein,
ich sehe viele Leckerein, Leckerein.
Bauch reiben.

Ich dank dir lieber Nikolaus, Nikolaus, Nikolaus,
ich dank dir lieber Nikolaus, Nikolaus!
In die Hände klatschen.

Melodie: Dornröschen war ein schönes Kind

Idee: Kathrin Eimler

Viele kleine Weihnachtswichtel

Mitmachlied

Alter: ab 2 Jahren
Dauer: 5 Minuten

Viele kleine Weihnachtswichtel
Alle Finger zappeln lassen.

wohnen beim Weihnachtsmann,
Den imaginären Bart vom Weihnachtsmann zeigen.

jedes Jahr im Dezember
Hände umeinander reiben.

packen sie eifrig an.

Viele kleine Weihnachtswichtel
Alle Finger zappeln lassen.

sägen und hämmern gern,
Handkante in die Handfläche der anderen Hand tippen.

aus Holz baun sie Spielzeug,
Fäuste übereinanderstapeln.

machen dabei viel Lärm.

Viele kleine Weihnachtswichtel

Alle Finger zappeln lassen.

stellen gern Bücher her,

Hände als Buch halten.

sie schreiben Geschichten,

Ein Finger schreibt in die Handfläche der anderen Hand.

denn das mögen sie sehr.

Viele kleine Weihnachtswichtel

Alle Finger zappeln lassen.

nähen den ganzen Tag,

Nähbewegung mit den Händen machen.

sie nähen Puppenkleider,

Sich selbst in den Arm nehmen, Arme reiben.

die wohl jeder gern mag.

Viele kleine Weihnachtswichtel,

Alle Finger zappeln lassen.

sich sie dir einmal an,

Handkante an die Stirn legen.

sie helfen ganz fleißig

Hände reiben.

dem Weihnachtsmann.

Bartgeste machen.

Melodie: Schneeflöckchen Weißröckchen

Idee: Kathrin Eimler

Weihnacht

Lied

Alter: ab 1,5 Jahren
Dauer: 5 Minuten

Weihnacht, Weihnacht rufen wir bald.
Wir wollen backen, Päckchen einpacken.
Herrlich, herrlich ist diese Zeit.

Weihnacht, Weihnacht sagen wir bald.
Glöckchen, die klingen, Engel, die singen.
Herrlich, herrlich ist diese Zeit.

Weihnacht, Weihnacht flüstern wir bald.
Lebkuchen kauen, Schneemänner bauen.
Herrlich, herrlich ist diese Zeit.

Melodie: Kuckuck, Kuckuck, ruft's aus dem Wald

Idee: Sabrina Djogo

Es naht die Weihnachtszeit

Lied

Alter: ab 2 Jahren
Dauer: 5 Minuten

Nicht mehr lang, dann ist's soweit:
Es naht die Weihnachtszeit.
Lichter leuchten hell,
weißer Schnee fällt schnell,
taucht die Welt ganz in ein festlich Kleid.
Nicht mehr lang, dann ist's soweit,
nicht mehr lang, dann ist's soweit.

Komm wir backen jetzt zugleich
warme Plätzchen köstlich weich,
streuen Puder drauf,
den gibt es zuhauf.
Das Gebäck das ist an Zucker reich.
Komm wir backen jetzt zugleich,
komm wir backen jetzt zugleich.

Und jetzt packen wir geschwind
ein Geschenk für jedes Kind.
Machen Papier rum
und 'ne Schleife drum.
Ob die Überraschung uns gelingt?
Und jetzt packen wir geschwind
und jetzt packen wir geschwind.

Nach dem Weihnachtsfeste dann,
steht bald schon Fasching an.
Du bist eine Fee,
als was ich wohl geh?
Die Kostüme ziehen wir schnell an.
Nach dem Weihnachtsfeste dann,
nach dem Weihnachtsfeste dann.

Melodie: In der Weihnachtsbäckerei

Idee: Johanna Graziotto

In dieser Reihe sind bereits erschienen:

Fingerspiele
ISBN: 978-3-96046-084-8

Streichelspiele & Massage-geschichten
ISBN: 978-3-96046-086-2

Mitmachgeschichten & Mitmachgedichte
ISBN: 978-3-96046-116-6

Spiellieder & Klang-geschichten
ISBN: 978-3-96046-117-3

Kreativ mit allen Sinnen
ISBN: 978-3-96046-152-4

Morgenkreis
ISBN: 978-3-96046-169-2

Natur erleben
ISBN: 978-3-96046-181-4